Muchos amores y uno solo

Muchos amores y uno solo
Ana Gerónimo

Muchos amores y uno solo
© 2023, Ana Gerónimo
De la maquetación: 2023, *Asterisco Pablo Villalba
Del diseño de la cubierta: 2023, *Asterisco Pablo Villalba

Primera edición: (octubre de 2023)

Impreso en España

ISBN-13: 978-84-127485-6-7
Depósito Legal: TF 907-2023

Todos los derechos reservados. No se permite la reproducción total o parcial de esta obra, ni su incorporación a un sistema informático ni su transmisión en cualquier forma o por cualquier medio, sea este electrónico, mecánico, por fotocopia, por grabación u otros métodos, sin el permiso previo y por escrito del autor. La infracción de los derechos mencionados puede ser constitutiva de delito contra la propiedad intelectual (Art. 270 y siguientes del Código Penal).
El copyright estimula la creatividad, defiende la diversidad en el ámbito de las ideas y el conocimiento, promueve la libre expresión y favorece una cultura viva. Gracias por comprar una edición autorizada de este libro y por respetar las leyes del copyright al no reproducir, escanear ni distribuir ninguna parte de esta obra por ningún medio sin permiso.

A mis abuelas, *Miledys* y *Chea*, mi mayor fuente de inspiración de amor.
A mis *padres biológicos* y *padres adoptivos*, que me cobijaron en cada lugar, inicialmente extraño, en el que por dicha me ha tocado habitar.

A mi ramillete de *hermanas* y mis grandes *amigas* de siempre, las que por decisión son mis hermanas; ustedes saben quiénes son.

A *Daniel*, por dejarme ser y existir en mis oleajes más altos y bajos; y a ese par de remolinos que hacen más gloriosas las vueltas al sol, *Daniela* y *David*.

A todos estos *amantes* que vibran y se transforman al ritmo del amor, el mayor de todos los dones dados por nuestro divino creador.

Palabras liminares

Dos cualidades se aprecian con inmediatez en la elegante escritura de Ana Gerónimo: espontaneidad y calidez de sentimientos. Su verso fluye de manera natural, desenfadada, con soltura y flexibilidad, en la expresión de tiernas emociones impregnadas de amor, tema central, impulso trascendente en cuanto logra insuflar en las almas de quienes lo sienten la inequívoca presencia de la armonía universal.

Para Lupo Hernández Rueda, poeta dominicano de la Generación de 48, «El amor es el sabio ordenamiento del mundo que habitamos», «el claro pensamiento de Dios sobre la tierra», representando, a la vez, para él: «lo opuesto de aquello que se envasa y se pesa y se mide y se fragmenta; lo eterno que transita y nunca pasa». Estas premisas de ascensión espiritual las asume y confirma la poesía de este bello libro, dimensionadas en el hacer poético de una voz delicada, grata y audible… como la voz poética de Ana Gerónimo, voz que lanza sus primeras apuestas hacia el universo constelado de las letras universales:

> Me sorprendió
> un beso de Luna en el balcón.
> El aliento frío del viento,
> su silbido, su coqueteo,
> me recuerdan que estoy
> de ascenso al cielo.
> Acarician las nubes
> mi cuerpo, es mi momento.
>
> *(Ascenso)*

Pero el amor propone a la vez deleite y sufrimiento, como caras opuestas de un mismo denario. A las felices apreciaciones del bardo antillano se les podría oponer la incidental observación de Luis Gonzaga Urbina, el gran poeta mexicano de inspiración romántica y modernista, quien afirmara una vez, por excepción: «El amor es un huésped que importuna»; brota así del torrente de Ana Gerónimo, igualmente, como contrapartida, el amor turbado, a veces no substanciado, el desamor; y ábrese paso al derrame del hontanar de angustias existenciales que sobrecogen a los poetas y embargan sus corazones; canto alternativo del cual estas líneas de la Gerónimo se hacen representativas:

> Azules cielos, verdes praderas,
> profundos mares, por ti, habría conquistado.
> Pero antes de conocerte ya había otro destino,
> un imán que me unía a otros caminos.
> Antes de conocerte,
> y que me marcaras,
> ya había otro plan,
> no había escenario
> para que una danza genuina
> contigo bailara.
>
> *(Por ti y antes de ti)*

Quedan así expresados el haz y el envés de la paradoja que desenvuelve los designios y substancia a los entes tanto de los mundos reales como de los imaginarios, equiparables para el poeta en valía y en magnitud. La lectura de *Muchos amores y uno solo* plantea para las almas sensibles un recorrido por el azar del tiempo en la contemplación de las disyuntivas y potencialidades de disfrute pleno del arrobamiento del ser que funda y halla su esencia en la dualidad intangible de los temporales, pero eternales, estremecimientos.

LEOPOLDO MINAYA
Isla de Santo Domingo, 2023

Siempre te quise, siempre,
yo fui tu pequeñita muñeca de papel,
tan frágil como el lienzo ante el toque del pincel.
¡Oh, mi amor! ¡Oh, mi amor!
Fui y siempre seré tu doncellita de verano.

Amores idealizados y nostálgicos

I

Tus besos

Pensar en tus besos
es cosechar jazmines y
reproducir versos
en mi jardín de poesía.
Es rogarle al universo
que regrese el tiempo,
detenga las ruedas
y triture en atómicos pedazos
esta larga lejanía.
Es olvidar el credo
y la penitencia,
dispuesta a pecar mil veces,
perderme eternamente
en ti, contigo,
en una espiral inconsciente
de suspiros y deseos,
sueños nocturnos no cumplidos.

II

Miénteme, sedúceme, ruégame

Miénteme despacio,
dime cuánto me amas,
sedúceme al oído
y ruégame también,
arrulla mis sentidos,
hechiza mis hechizos
con el recuerdo de lo que fue.

Encuentra mi camino,
regrésame a nuestro destino,
regálame las flores que para ti sembré.

III

Por ti y antes de ti

Más de cien canciones
por ti habría cantado.
Decenas de cuentos
en tu nombre pude haber narrado.
Azules cielos, verdes praderas,
profundos mares por ti habría conquistado.
Pero antes de conocerte ya había otro destino,
un imán que me unía a otros caminos.
Antes de conocerte y que me marcaras,
ya había otro plan,
no había escenario
para que una danza genuina
contigo bailara.

IV

Flechado

Mis manos sostienen la luna,
ancla del sol es mi corazón,
me ha flechado Cupido,
duende de la estupidez y el amor.

Una estrella fugaz he capturado
para demostrarle a mi dueña
este ferviente amor,
quiero que sus suspiros sean solo para mí,
como es solo para ella mi devoción.

V

Exclusividad

Se fue el ruiseñor un día
a cantarle a la doncella,
y estando junto a ella sin remedio se enamoró.

Ahora no canta para nadie más,
evita los caminos que a otros castillos van,
sus canciones son hoy para una sola dueña.
Ahora canta con exclusividad.

VI

Sueños de amor

Otra vez en mis sueños
tus manos las mías enlazaban y mis labios
los tuyos ahogaban, no me apartabas
y fuimos uno.

Mi intrépido corazón vence mi recio orgullo,
lo abate en su armadura de rencor,
lo hace masticar su hiel,
un amargo veneno congelado.

Las llamas de tu abrazo reviven mi emoción.
Despierto y sé que
sin máquina del tiempo
no puedo regresar
para encarrilar mi alma,
contener mis miedos y aceptar
el escape de la línea frontal
de aquella guerra de amor.

Perdí mis pies, perdí mis manos,
no puedo caminar hacia ti
ni arrancarme el corazón
para ya no amarte.

VII

Amor eterno

En el más allá,
después de la vida,
después de la muerte,
siendo cenizas se amarán.

No hay fronteras
para el amor salvaje,
amor iracundo.
Deja huella el espíritu del deseo
en la calzada del alma,
en el aposento y las sábanas del corazón.

VIII

Jamás me iré de ti

Aunque el tiempo te diga que no estoy,
aunque mi buqué no percibas en el viento,
aunque no me uses para saciar tu sed.

Jamás me iré de ti,
aunque ya no susurres en el silencio mi nombre,
aunque en el espejo no extrañes mi reflejo,
aunque verme partir sea solo un vacío recuerdo.

Jamás me iré de ti,
aunque tus manos no extrañen las mías,
aunque no tropieces conmigo al bailar,
aunque mis chistes ya no te hagan reír.

Jamás me iré de ti,
aunque te seduzcan nuevas aventuras,
aunque profanes nuestros lugares secretos,
aunque tu corazón deba compartir.

Jamás me iré de ti,
siempre a tu lado estaré.
Siempre estaré aquí.

IX

Paraíso secreto

No desgastes el sagrado silencio,
guarda la historia que vivimos aquí,
éramos presa de la simple existencia,
juntos entendimos la verdad del vivir.

No hay vanagloria en los simples detalles,
vive el momento como fue el final:
el encuentro glorioso de dos almas gemelas
que penaron por humanos desiertos
hasta su paraíso juntos encontrar.

X

Nota de adiós

En el sepulcro de los recuerdos
me aturde tu voz,
me sacia tu aliento,
fugaz y clandestina estrella,
cual serpentina, colorida y frágil,
que en los inicios del cielo me enamoró.

Siempre pienso en ti
y anhelo a mi lado tu corazón.
Línea tras línea leo las notas
que partieron en dos mi ilusión,
cuando sin más te marchaste
anticipando el perdón,
aludiendo tener otras raíces,
otros sueños, otro hogar,
insinuando haber pactado
con otro corazón.

XI

Te vas

Llora el sol
porque no puede calentarte.
Sangra mi alma
porque te vas y
te llevas mi esperanza
en un ataúd tosco y frío
hacia la eternidad,
de donde no hay regreso,
pistas o constancias.

XII

Mensajes

Te encuentro,
te marchas,
te leo, no me lees.
Te veo, no me ves.
Cuántos textos perdidos
y líneas borradas
solo para decirte
que de ti estoy prendada.
Al diablo con los mensajes
de este obsoleto chat.

XIII

Recuerdos de sofá

Me hundo en el sofá, recordando.
Los cojines rotos, como nuestros sueños,
se adhieren a mi cuerpo.

Una punzada me dice que te espere,
es como un ladrillo que rompe
mis miedos de cristal.
Mi corazón corre a ti cada vez que puede,
palpitando entre lágrimas
se aferra al deseo
y cree que volverás.

XIV

Te sigo y te sigo

Enredada
entre las sombras
respiro tu aroma,
te sigo y te sigo.

Sin saber a dónde vas
y a donde,
por seguirte, me dirijo,
te sigo y te sigo.

Sin entender tus cambios,
sin entender tu enojo,
te sigo y te sigo.

Como las mansas palomas,
los fieles caballitos de mar,
mi corazón te pertenece,
te sigo y te sigo
hasta nuestro acto final.

XV

Si me dieras la oportunidad

Si me dieras la oportunidad
no preguntaría de dónde vienes,
quién estuvo o cuánto te quedarás.

Te daría tu espacio,
pero seríamos uno solo
al momento de amarnos.

Fuerte te abrazaría y en tus sueños
de la mano te acompañaría.

Conquistaríamos una galaxia,
la gobernaría para ti,
tú serías su soberana por la eternidad.

XVI

Te busco

Mi amor por ti en silencio
recorre cada calle
esperando tropezarse,
aunque sea, con los buenos recuerdos.

Se detiene en cada esquina
disfrutando de tu fragancia,
que se escurre
entre las paredes
y los callejones,
entre las casas vacías
de cal y de cemento.

Imagina en la aurora de la mañana
un reencuentro
que se queda allí:
en anhelos y pensamientos.

XVII

Sonámbula

Me rehúso al olvido,
piso fuerte para que sientas mis pasos.
Canto y grito por las mañanas
para que te detenga mi voz
cuando pasas y finges que no me ves.

Este sentimiento en algún punto fue de ambos.
Sé que eres fuerte y terco,
eres mi diamante invencible e inquebrantable,
quizás no pueda doblegar tu fuerza por olvidarme.

Contemplo los hechos y los detalles,
puede que tengas razón,
tal vez fue mi culpa y tal vez no,
al final tu decisión hoy nos quema a los dos.

No te han contado de mis noches,
yo sonámbula voy dormida,
pero despierta y consciente,
camino por tu calle a ver si te encuentro,
a ver si tus ojos delatan tu miedo a perderme,
así como yo lo reconozco y lo expreso.

Los tulipanes han muerto de tanta sequía,
las rosas las riego con estas lágrimas mías.
Tú insistes en el castigo, yo insisto en volver
a tu lado, dondequiera que ese lado esté.

Ojalá

XVIII

Busco estrellas en este firmamento nublado,
si alguna encontraré, tu nombre le pondré.
Perdóname, yo no puedo hablarte de amor,
pero esta estrella por amor te daré.

Me he tatuado tus labios en mi corazón,
ojalá un día me concedas un beso.
He caminado descalza una penitencia,
ojalá el pueblo te hable de eso.
Ojalá pienses en mí un minuto al día,
ojalá ella te cuide como yo lo hacía,
ojalá no te consienta para que vuelvas a mí.

Y si eres feliz
ojalá en la otra vida nos volvamos a ver,
ojalá no tropieces con otro querer
antes que con el mío por segunda vez.

Qué imperfecto es el amor, qué imperfecta es la amistad,
qué imperfecto es el tiempo. Ojalá todo fuera eterno.

Ojalá no se cayeran las flores en otoño,
no cubriera la nieve los arbustos en invierno.

Ojalá no viajaran las mariposas a lugares más cálidos,
así no tendrían que morir al viajar de regreso.

Ojalá no existieran las fronteras
para distanciar a la humanidad con sus muros,
ojalá que el arcoíris no saliera por momentos.

Ojalá escucharas mi voz cuando canto de alegría,
ojalá escucharas mi llanto, mis súplicas y lamentos.

XIX

Conciliación

Por fin conciliamos
juntarnos aquí y luego seguir por separado.
Regar nuestras añoranzas
cada quien con su método.
Olvidar la rutina
y que cada uno por su lado sea feliz.

Hay razones en esta tierra para serlo,
hay optimismo en este lugar,
hay dichos que me confirman
que ha llegado el momento de la paz.

Seremos aves sin nido,
pero será temporal.
Quiero ser un cascabel
rodando en el desierto
lento, lento, lento…
Abramos completamente la puerta,
estamos listos para partir.

XX

Vacío abrazo

Como el vaivén de las olas,
mis anhelos rotos, amontonados,
me golpean como a las rocas.

Gran locura he cometido,
creerle a la ambición del amor fingido
que exhibe una pantalla del recuerdo.
Todo lo que viví lo creí bueno,
solo eran figuras tejidas con mentiras,
agujetas que enlazaron verdades a medias.

Quién diría que se derrumbaría
y que un día desistiría
la sonrisa de acompañar la vanidad.
No todos están hechos
para el amor de mentiras,
no todos sobreviven
en el vacío abrazo de la seguridad.

XXI

Giro, giro, giro

Huella de humo,
cola de pez,
amor que transforma,
historia de tres.
Silencio ruidoso,
tediosa tranquilidad,
inunda mis sentidos el eco de la paz.
Giro, giro, giro y
las ruedas no paran.
El envés del tiempo continúa,
trae siempre de regreso la insípida nostalgia.

XXII

Hechizo

Corazones cortados
y cosidos con papel.
Tus pies caminan al revés.
Mis ojos te miran desde sus espaldas.
Mi decreto dirige lo que quiere mi ser.
Te revivo diez veces más, si es necesario,
con polvos mágicos, aguja y sartén
para volverte a querer.

XXIII

Viaje en el viento

El viento me trajo aquí
con sus silbidos y secretos.
Me habló de las flores marchitas
y de esos amores
de los que ha sido mensajero.
Me habló del tiempo.
El tiempo viaja en el viento
y trae de su mano al olvido.
Aprovechando el viaje
dejé con el tiempo
viejos y oscuros sentimientos
para seguir más liviana y feliz.
Con él viaja mi último amor,
ya no puedo imaginar su forma,
pues como al viento no puedo verlo.
A veces puedo sentir que me arrulla,
puedo sentir que me mece,
y a veces siento su baile
que a mi corazón estremece.

XXIV

Aromas

Percibo aromas dulces que buscan amar,
recuerdos de menta para los que esperan regresar.
Aromas de madera con un toque de anís,
ese es el aroma que me recuerda a ti.
Los aromas siempre llevan de la mano
un breve momento que los acompaña,
como un recuerdo que no pueden soltar.

Para confirmar los hechos venideros
persiguen los recuerdos que siguen siendo deseos,
persiguen los caminos que se disfrutan en soledad.

Hay aromas que llegan y nunca se van,
delatan el capítulo que viene detrás,
como el arcoíris que confirma promesas de vida.

XXV

Palabras secas

Otra gota que cae, otra más,
luego llegan en multitud, en silencio,
pero las palabras secas no se van,
aunque caiga un aguacero.

Las palabras secas no se humedecen,
forman dunas ardientes y pirámides de sal.
Un verano en la playa no es suficiente
para diluir tus mentiras en el cálido mar.
Un invierno no es suficiente
para enfriar las heridas y volver a empezar.

XXVI

En reserva, en espera

No quiero ser
quien cierra la ventana
que alguien más abrió,
quien recoge la cobija
que a alguien más calentó,
quien calienta la comida
que alguien más dejó.

No quiero ser
la segunda en tu corazón,
actriz de reparto
en nuestra obra de amor.

No quiero ser
quien cure tus heridas
o una las piezas de tu roto corazón,
quien espera que tomes la mejor decisión
y vengas con lirios a pedir perdón
por siempre hacerme esperar,
por si alguien más no ha de llegar.

XXVII

Mensaje río abajo

Tú que vas con prisa y caudal,
lleva este mensaje, desembócalo en el mar,
es un mensaje de urgencia
es un mensaje vital.

Cuéntale de mis lágrimas,
las que se han unido a ti
en este largo recorrido,
con momentos muy picados
y con momentos tranquilos.

Dile que acá le espero
en la misma orilla,
en la misma roca
donde secábamos nuestros cuerpos,
usando la misma ropa
de nuestro último encuentro,
en ese punto lejano
donde marcó su distancia,
así como tú estás distante del mar.

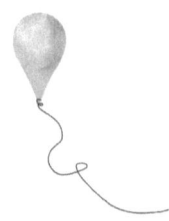

XXVIII

Ausencia

El ululante sonido del viento
escala los muros
construidos por tu ausencia.

La fiel sonrisa
recorre las huellas
ocultas bajo tu sombra.

Mi piel expuesta
muda a cada hora
para olvidar tus caricias.

XXIX

Inicio, ilusión

Tu carácter seguro
y forjado en acero
se quedó en mí,
impregnado en mi corazón,
atado con hilo de luna,
un nudo pegajoso de miel
lo une al portal del ensueño.

Brillante fue el inicio
donde toda ilusión es audaz,
donde toda mentira es aceptada
con el fin de concebir hasta la última
razón para permanecer.

XXX

Se acabó

No me lo esperaba,
de repente y sin remedio se apagó la luz,
ya no te encontraba, todo era oscuridad.

Dejamos caer el telón,
todo quedó a la vista,
nuestras falsas intenciones,
los disgustos y rencillas.
¡No nos toleramos!

La luz dorada que te cubría
ya no te luce más.
Cuesta el hallazgo y cuesta más reconocerlo,
renunciar y cambiar para volver a ser yo,
o al menos una parte de lo que un día fui.

Empiezo a dudar si esto fue real,
lo que viste en mí, lo que vi yo en ti
tal vez fueron ilusiones cubiertas de necesidad,
una tenue nube gris de desesperación,
temor a la soledad.

Las heridas no dejan de sangrar,
llevan semanas en duelo.
Hundida en mi miseria de amor,
mi número dieciocho llega a su final.
El problema es la selección,
no es el inicio y no es el final.

XXXI

Abismo

Hay un cordón de lino blanco
separando el estar enamorada
del amar intensamente.
Tú quemaste ese cordón,
lanzaste al olvido mis miedos
y el pánico a ser amada.

Con tu sutileza
venciste los obstáculos
que imponía mi alma,
venciste mis razones,
provocaste que me lanzara
al abismo sin fondo de tus brazos.

XXXII

Mi jardín no ha florecido

A sesenta días
de la primavera
miro la ventana,
roto está el cristal,
marchito el corazón,
y mi jardín
no ha florecido.

El joven prometido
no ha reparado
lo que rompió al marcharse,
la ventana sigue rota,
casi ha muerto el amor
de marchitez y de olvido.

XXXIII

Sin alas

Volando sin alas,
sin turbinas ni motor,
viajando entre nubes
leo nuestro futuro en el sol.

Brillante, tibio a momentos,
candente por largos ratos.
Intenso, deseado y envidiado.
Todo gira en torno a Él,
hay vida y hay esperanza en Él.

XXXIV

La foto en la pared

El marco grueso y azul
que combina con tus ojos.
Tus brazos me rodean,
en tu pecho reposa mi espalda.
Siento seguridad
al ver nuestra fotografía
una y otra vez.

Ese vestido blanco
hoy ya no lo es,
esa diadema que brilla
perdió cada cristal,
el encaje que cubre mi rostro
nunca lo he de olvidar.

Fue un gran día,
decidida caminé contigo al altar,
aún conservo las arras y la argolla nupcial,
aunque te marcharas sin celebrar
nuestros primeros
trescientos sesenta y cinco días.

Hay momentos únicos
que se viven solo una vez,
pero perduran para toda la vida,
por toda la eternidad.
Siempre te he de amar.
¡Mi amor sagrado y esposo de verdad!

XXXV

Melancolía

Embelesa tu ausencia a mis recuerdos
para que estés presente
aún en la lejanía.

Con el buró
lleno de enseres,
con el cuadro
de la gris
melancolía,
brincan las memorias
en esta alcoba tan fría.

Abrazo el recuerdo,
abrazo tu camisa con la esencia de ayer,
abrazo nuestra historia,
abrazo tu sombra, aunque tú ya no estés.

XXXVI

Acróbatas

Hicimos tantas acrobacias
retando la razón
y la gravedad,
retando las verdades
y las mentiras,
dependientes de cuerdas
y una barra de cristal.

Nuestro amor trapecista
cayó al abismo
y no hubo red,
cayó en la arena del circo,
todos conspiraron entre risas
y dolor falso, al pisotearlo
quedó expuesto como fiera en vitrina,
como monstruo de espectáculo.

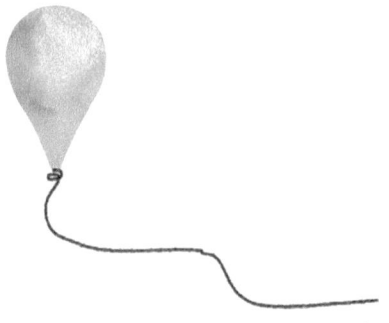

XXXVII

Hojas en blanco

A veces somos solo espacio,
parte del vacío intenso en la habitación,
como tu mirada al despedirme,
la puerta se cierra
en silencio,
no hay suspiro y no lo extraño.

Nada llena las líneas de este capítulo
en construcción.
No hay palabras, no hay sentimientos.

Somos simples hojas en blanco
anhelando una pizca de color.

XXXVIII

Ese abril

Cuando tú me miras
desfilan mariposas
por el campo de rosas
que sembraste para mí.

Y recuerdo
que antes todo era espinas,
me aferraba a lo gris de la vida
hasta ese abril en que te conocí.

Y descubrí
la magia real de la vida,
el príncipe lila que tanto quería,
un corazón que palpita a mil
por hora…

Las horas en que te esperé
pagando estás
con cada segundo,
enseñándome a surfear este mundo,
mundo que se rinde ante ti
deseando que lo conquistes.

Cuando tú me miras
descubro la esencia de la vida,
hay que vivirla sencilla,
en modo alegre
y con gratitud al dormir.

Ruin es el destino,
una hoguera es el camino
y muy corta es la vida.

Amores fugaces

I

Fugaz momento

Te miro, me miras.
Sonrío, sonríes.
Sudan mis manos,
tú juegas con tu pelo.
Te ofrezco un trago,
tú agitas tu dedo,
asintiendo.
Se seca tu vaso,
del borde resaltan
tus labios marcados,
y yo hilvano deseos
en mi mente.
Saco un billete,
llamo al mesero,
pago la cuenta y con la mirada
te alzo de tu asiento.
Yo abro la puerta,
tú marcas el paso.
Ante el corto viaje, desacelero,
con disposición a vivir intensamente
el fugaz momento.

II

Placer, odio y necesidad

Nada es lo que parece,
ni la sal da sabor,
ni el azúcar endulza,
ni tú me amas.
Vivimos del placer,
odio y necesidad.
Somos el eco de lo que fuimos.
El incontenible deseo que nos trajo aquí
fue la fuga de pasión
que no se contenía
al contacto de nuestros cuerpos.

III

Sepultando el deseo

Entramos en el bosque como almas gemelas
que buscan amor, como dos cuerpos
compartiendo un solo corazón.

Allí hicimos la fogata con rojiza leña,
sepultamos el deseo bajo cenizas y tierra,
dimos vida al unísono jadeo del amor.

Que nadie se entere de lo que hicimos,
dirán que es pecado, querrán a su envidia
con nuestro remordimiento ocultar.

IV

Él, ella y yo

Lo veo, lo escudriño con malicia,
Él sabe que lo deseo,
pero juega con mi intención.

Un soplo me trae su perfume,
me inundan los pensamientos
con mil caricias que anhelo hacerle.

Ella llega,
hunde los dedos en su cabellera,
negra y suave,
antes era larga, era melena.

Los tres sabemos que Él me extraña,
que rehúye a mi mirada y un día regresará
a su verdadera amante, que soy yo.

V

Desconectados

Estamos desconectados,
dos almas habitando diferentes espacios,
a la par, corriendo al mismo ritmo,
pero estamos desconectados.
Tú miras un pez azul,
yo veo un pájaro morado,
tú sientes que te pica un mosquito,
yo siento una abeja zumbando.

Hubo algo aquí que ya no está,
rápido nos unió el deseo,
un remolino, un estallido,
gritos de felicidad.
Fuimos una llama contenida
muy difícil de apagar,
las maderas de este amor
hoy ni una chispa logran detonar.

VI

¡Puedes poseerme!

Sucumbo en la trinchera
ante tus ganas.
Felizmente me rindo ante ti,
aprovéchate de mí.
¡Puedes poseerme!

Exprímeme sobre tu ser,
tu cuerpo ardiente
que emana lava
cual volcán que hace arder mi corazón.

Explota mis sentidos,
ni una hebra de mi pelo quede en el olvido.
Sin saciarte, no te marches de aquí.

VII

Melodía de amor

Qué bonito se siente
amarnos en la misma sintonía,
un instante en las mismas notas,
una sola melodía.

Nuestros anhelos y deseos
realizados descansan en un único regazo.
Nuestras almas tejieron su red,
ya no eres alondra de paso.

VIII

Amor estacional: primavera

El viento sopla del este,
deja mi melena alborotada,
es tiempo de mudar el tono gris,
desempolvar mi alma floreada.

Adornaré la vista
de estos joviales colores,
provocaré suspiros y seducción,
entre el polen y pétalos encontraré el amor.

Mis caderas van y vienen
agitando las flores de esta pradera,
me siento una altiva verbena
abrazando fuerte la primavera.

IX

Amor estacional: otoño

Me abrazas con el viento de otoño,
con el color marrón de los ladrillos,
se agota el amor, lo doy por perdido,
se agotan también las lágrimas
y es por este frío adiós.

Mudaré este sentimiento
como hojas de temporada.
Desnudaré mi corazón,
renovaré mi piel,
brotará un nuevo amor,
tú pasarás a ser
un buen recuerdo del ayer.

X

Amor estacional: invierno

¡Hielo, hielo!
Así de fríos siento tus besos.
Un carbón ardiendo es tu mirada,
tu corazón no late, poco a poco estalla.
Las cosas se disipan en este lugar,
ya no siento ni tus pasos.
¡Para mí no existes!
La ira y el eterno invierno
te han consumido.

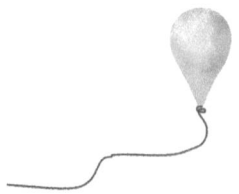

XI

Amor girasol

Nuestro amor se cortó
en la mañana,
como tal girasol.
Fuimos un inmenso
ramo de emociones
en una sola flor,
en una sola noche.
Nuestros latidos acelerados
se amontonaron como cientos de flores
con radiante color,
amarillo vibrante
girando alrededor del sol.

XII

Silencio en la madrugada

Ámame en silencio
en la madrugada,
cubre mi desvelo
con tu suave mirada,
trae conmigo tu pasión.

Ilumíname
con tu relámpago de amor,
convence a mis sentidos
de que lo nuestro es real.
Que no dude mi ser,
que no dude mi corazón,
dibuja en mi cuerpo nuestra canción.

XIII

Regresa

No perfumes más esas cartas,
no prometas con tu letra moldeada,
no asegures las cosas, no depende de ti.

Regresa,
no quiero leerte,
solo quiero verte vivo,
pleno, a todo color, mi amor.

Sentirte,
estamparme en ti,
perderme en nuestro baile,
escuchar tus pasos llegando a la habitación,
mi mundo se detendrá de la emoción,
solo vuelve a mí.

XIV

Tu mirada

Tu mirada esquiva,
tu mirada matona,
tu mirada soberbia,
tu mirada redonda,
tu mirada gris,
tu mirada azul,
que no me mire nadie más,
mírame solo tú.

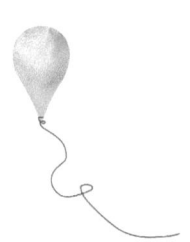

XV

Jardín de jazmín

Los jazmines en su máximo esplendor
te esperan esta noche
con su exquisito bálsamo,
endulzan el ambiente,
yo dudo de que vengas.

Espero en el mismo balcón,
frente a la misma ventana,
y si te asomas
perturbaré el tiempo,
secuestraré las horas y así
no llegará el momento en que te marches.

Derrumbaré los muros,
mi fuerte y tu fortaleza.
Construiré un palacio nuevo
para ti y para mí,
sin arcos ni puertas,
con un gran ventanal
para que entre la luz del jardín
y cada noche el dulce bálsamo del jazmín.

XVI

Amor de cacao

Dulce y amargo.
Llega a veces, rápido se marcha.
Corre, flota y vuela
desde el norte del alma
hasta el sur del deseo,
donde fue cultivado.

Matices de canela,
sabor a hierbabuena,
entonado de caléndula,
maraqueado y quebrado con la güira.
Ese amor eres tú,
¡un deleite para mí!

XVII

Amor temporal

Nunca me hablaste de ese amor
que sentías por ella.
No me dijiste que veías en mis ojos su iris,
que era yo un reemplazo temporal,
que era un injerto de emociones,
un ponche endulzado con la miel de otro panal.

No me hablaste de tu desventura,
que su partida fue una tortura,
que su sombra te arropa cada noche
y en nuestro lecho no hay disfrute,
solo un plástico roce.
No me dijiste que nuestro final
llegaría tan pronto,
que lo nuestro se acabaría
como el ladrón que acecha,
que irrumpe y se lo lleva todo.

XVIII

Te esperé y te esperé y te esperé

Tu mirada me regresa la paz
que te llevaste en tu último viaje.
No sé cómo fue tu estancia,
no sé si otro nido dejaste.

Traes flores en tus manos,
cada pétalo es un «lo siento»
que disimulas con colorido
y un olor suave.

No sabes que te esperé,
y te esperé y te esperé con sigilo.
Piensas que nadie me vio
mientras lloraba por los rincones
después de nuestros minutos espléndidos,
disfrutados a escondidas del sol.

Regresas como si nada,
pero ya nada está igual.
Sacudí mis sábanas,
pinté con escarcha dorada las cicatrices.
Estrujé mis sentimientos
contra el barro y el piso,
juré ante la Loma no llorar
por quien ayer no me quiso.

XIX

Amor de papel

No me preguntes
qué somos,
no me preguntes
cuándo volveré.

No me pidas
que asegure mis sentimientos
firmando ante un juez.
No creo en la firma,
no creo en el papel.

Mira los lirios que crecen juntos,
abrazados permanecen,
se secretean sus intenciones
sin publicar lo que van sintiendo,
son felices así por un largo tiempo
y cada uno a su suerte es fiel.

XX

Deseos alquilados

Fuera de mi quimera te quiero ya.
Caí en la red de tu mirada,
el veneno de tu voz tras cada palabra.
La visión de corazones flotantes
en mi imaginación escasa.
Eres solo distracción,
nube escurridiza de tiempos pasados,
ráfagas oscuras del ayer,
deseos alquilados.

XXI

Simple capricho

Si apareces esta noche
en el cielo despejado
te seguiré
hasta tocarte,
danzaré en el camino
mientras con tu luz plateada
me guías,
se transformarán mis garras,
me acompañará la rabia
y aullaré de alegría.

Siendo así,
se cumplirá un anhelo
de mi oscuro ser:
desgarrar medio pueblo
por puro placer.

No hay venganza aquí,
solo un simple capricho,
un desahogo rojo
de mi corazón albino.

Hui galopando cual fiera
rumbo al destino
de mi alma en libertad.
Una coronación,
esta es mi coronación,
el reencuentro
del verdadero corazón,
el amor que es uno solo,
mi propio amor.

I

Fluyendo

Mi alma fluye
sin resistirse al movimiento,
fluye atraída por un nuevo horizonte,
atraída por nuevos ritmos,
nuevos amores y
su libertad.

Hay nuevos senderos
que deben ser encontrados
para trazar un nuevo destino,
quizás sin ella y
quizás a su lado.

Todo puede ser
en ese nuevo camino,
quizás hoy no tenga forma
ni tenga sentido,
pero un ritmo me llama
desde muy lejos de aquí,
donde las murallas se rompen con intención,
donde brillan los ojos
y se abren los poros ardiendo de emoción.

Todo es posible, si lo pienso mejor
veré lo valioso de este reinicio.

II

Mi reinicio

Tomé una chispa
y encendí la hoguera
con siete nuevas ramas
y aserrín de madera.

Quemé el pasado,
cenizas son hoy las penas.
Este es mi nuevo comienzo,
mis deseos serán solo míos,
serán mi realidad,
nadie sembrará en mí
semillas que yo no quiera regar.

III

Un nuevo yo

Sigo presente aquí
frente a un nuevo imposible,
frente a un nuevo yo.

Del nido mi alma se marchó,
no quedaron las rosas,
se rompió el jarrón.

Viajé en silencio al inicio,
caminé con cuidado el viejo camino,
de las antiguas veredas no me arrepiento.

Encontré en lo simple el amor,
encontré en lo sencillo un corazón,
la felicidad llegó una mañanita
cuando el orgullo se marchó.

IV

Mi soledad y yo

Nos fuimos de la mano un día
mi soledad y yo,
nos fuimos,
nadie nos siguió.

Yo le hablaba y ella nada decía,
necesitábamos este espacio
para conocernos mejor.
En medio de tanto silencio
nuestra intención no cambió.

Pecamos y oramos,
hicimos realidad
cada sueño y cada antojo.

Regresamos de la mano un día
mi soledad y yo,
era el mismo lugar,
nada había cambiado,
solo había algo nuevo
en el motor de mi razón.

Una nueva brizna,
un nuevo sentido,
una nueva traza,
una nueva armadura
para enfrentar la vida.

V

Sin miedo

Tomé las riendas,
dejé el deseo y la espera
para empezar a actuar.

Cambié mis cortinas,
mudé mi piel áspera,
me vestí de carmín
y aquí voy,
sin miedo a nada.

VI

Renuncio a ti

No es por tu forma ni por tu estilo,
no son tus gestos con desatino.
No han sido tus besos
con sabor a arena, con sabor a sal.
No es tu aroma a vino seco y viejo pan,
ni tu insípida mirada en la que nunca veo nada.
No fue lo burdo en ti ni lo absurdo que te adorna.

Es por mí que te abandono.
Por mis ansias de sentir la vida
sin el ruido feroz del reloj que avanza,
sin los escrúpulos y la coraza
que hoy nos asfixia mientras nos abraza.

Dentro de mí hay una tonelada de deseos,
deseos salvajes, deseos vulgares,
deseos rosas y deseos negros,
unos pesan más y otros pesan menos.

En medio de la balanza de lo tenido,
lo anhelado y lo perdido,
más ha pesado el anhelo.

VII

Más valiente

Y en medio del túnel oscuro,
cuando se han triturado tus carnes por el dolor
y todo lo podrido ha salido de tu circuito de amor,
empiezas a ver nuevas luces de múltiples colores,
mezcladas como un arcoíris dentro de otro arcoíris.

Empiezas a abrir más tus ojos,
a sentir corrientes diminutas,
la gratitud empieza a depositar
nuevas emociones en la tinaja,
esa que creías rota y vacía.

Hay un nuevo despertar en tus huesos,
en tu piel y en tu ser.
Vuelves a vibrar ante las ideas frescas
que traen también el mecanismo
para salir del precipicio
y escalar la montaña hacia tu génesis,
más guerrera, más valiente y a prueba de balas.

VIII

¿Derrotada o rescatada?

Me sentí sin oportunidad de pelear esa enorme batalla.
Callaron mi boca, robaron mis palabras,
durmieron mis sentidos,
mi dignidad y mi orgullo fueron detenidos.

Enclaustrada con otros inocentes,
abandonada ante mi propia suerte.
Los segundos se hicieron horas y las horas eternidad,
cayó lenta la tarde y con ella mi esperanza.

Fui rescatada al final, pero algo de mí se quedó allí,
en ese lugar, entre las tantas víctimas
que ya no podía contar.

IX

Esperanza

Me abrazó una tarde oscura
mientras me precipitaba sin remedio
por el frío abismo.

Mis huesos temblaron ante su dulzura,
se despejaron mis miedos, me abandonó la duda.

Vi mi visión más cercana
como quien despierta de un ansioso letargo.
Me amé más desde entonces,
superé mis temores y vi vida en el fracaso.

Perdí batallas para encontrarme,
perdí de mi cuerpo algunas partes,
brindo por las muertes
que en mí fueron necesarias
para tener la humanidad que hoy me habita.

Una nueva versión que sí alumbra el futuro,
una nueva versión que camina a paso seguro,
hacia el brillo rotundo y perenne fluir.

X

Ascenso

Me sorprendió
un beso de luna en el balcón.
El aliento frío del viento,
su silbido, su coqueteo,
me recuerdan que estoy
de ascenso al cielo.
Acarician las nubes
mi cuerpo, es mi momento.

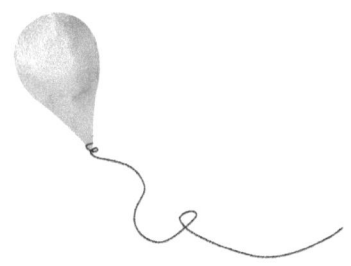

XI

Se vale

Hacer una pausa,
renunciar a todo
lo que en este momento te hace daño,
se vale volver a empezar, desde cero, se vale.

Se vale enojarse, frustrarse,
se vale decir: «Simplemente no puedo».

Se vale mostrar que eres vulnerable.
Se vale parar y pensar:
«¿Qué estoy haciendo?,
¿hacia dónde estoy yendo?».

Se vale revalidar lo que realmente importa,
lo que realmente enciende tu llama,
porque la vida es muy corta.

Se vale cambiar, una, dos, diez y cien veces.
Se vale avanzar, a pesar de las críticas
que buscan tu muerte, no tu renacer.

Se vale decir lo que realmente sientes,
aunque a ellos no les importe.
No te guardes nada,
mantén tu mirada en tu sagrado norte
porque la vida es muy corta.

XII

Gratitud

Quería una respuesta en blanco y negro,
llegaron hechos multicolores.
Quería un lucero que guiara la embarcación,
llegó un marinero haciendo de su ego
la única razón.

Busqué cien salidas hacia el sendero verde,
encontré solo una,
me llevaba a un desierto
sin camello ni oasis,
sin estrellas, sin luna.

Cuestioné la oración,
el credo, el pastor,
el papa y el cura.
Descubrí otro móvil
para avanzar,
la gratitud como modo para superar
la noche más oscura.

Siempre hubo, siempre hay,
una razón para avanzar.
Siempre hubo, siempre hay,
con gratitud la has de encontrar.

XIII

Libélula aventurera

He conversado con la luna,
anoche, mientras tú dormías.
Me reveló tus anhelos,
esos que ni tú conocías.

Tienes tanto por explorar,
libélula aventurera,
¿por qué llevas tantas vueltas al sol
 detenida en tierra?
Sacude de tus alas el polvo,
ni siquiera hagas maletas,
elévate en un nuevo viaje,
la corona de lavanda te espera.

Las glorias pasadas
no definen hacia dónde vas.
Es tiempo de construir una nueva historia,
tu realidad no define tu verdad.

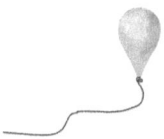

XIV

Truenos de cambio

Llega de repente esa idea,
trae un brillo especial a tu rostro
sin anunciar el cómo ni el porqué.

Vuelves a sentir mariposas
de solo verla asomar.
Escuchas truenos de cambio
que estremecen tus sentidos,
renuevan tu luz
y traen agua a la hoguera,
apagando el fuego de la ansiedad.

Subiste a esta cima
solo para divisar
una más grande.
Es tiempo de bajar
y reiniciar.
El horizonte es ahora más hermoso.

XV

Plegaria

Estremece tu bote,
hay furia en el aire
y se acelera la mar.

Luchas y te resistes,
pues se volcará tu seguridad
en medio de la nada.
¿Qué pasará?

Seguro que tienes un plan.
¿Y si no lo hay?
Es hora de elevar
al cielo una plegaria.

XVI

Lloverá

Esta noche va a llover
en esta casa sin techo,
cubierta por una cortina de estrellas.

Alguien llegará a nuestra puerta,
no sabrá cómo tocar
porque solo se puede ver
con los ojos del alma,
alma agradecida, alma que fluye
en la riqueza de las emociones
y la humilde existencia.

Mañana por la mañana
caerá pan de azúcar del cielo,
comerán y se saciarán
los que de corazón han anhelado verlo,
aquellos que con certeza
han esperado el momento.

XVII

Sinceridad

Y de repente fui sincera,
dejé que mis poros liberaran mi ingenuidad,
no mentía sobre mis sueños
y mis deseos de volar.

El viento me prestó sus alas,
mi voz me la dio el mar,
el arcoíris bendijo el camino
y el horizonte dorado me orientó
en mi nuevo andar.

Allá voy con mi maleta,
vacía y lista para coleccionar
todas las aventuras
que me perdí por la inseguridad.

XVIII

Ojos abiertos

Veía todo mal
porque tenía los ojos cerrados.
Abrí mis ojos y vi esa luz
reflejada en el espejo,
ya no había humo a mi alrededor.
En ese momento fui dueña de mi vida
y viví un ahora promisorio.

Todo gran momento
pasa por un ahora vacilante,
toda alegría retumba a partir de la tristeza,
mis alas son más fuertes tras haber estado rotas.

Con este ahora veo un futuro claro,
celebraré cada destello de esta luz,
cada minuto de este ahora.

Es una promesa, es un decreto,
viviré con mis ojos abiertos.

XIX

Inspirar

Afable yo,
dependiente de la gracia de un cielo azul infinito,
pendiente y consciente de mis oportunidades,
sigo en construcción de un ser superior.

Una nueva versión que ama más intensamente,
sin medida, de la miel divina se desprende
e inunda a otros con hilos de amor,
amor puro valuado en oro.

He caminado en las nubes
tratando de alcanzar estrellas,
he caminado en el polvo,
detrás de su rastro y fina huella,
para terminar en el inicio,
entendiendo que yo soy una de ellas.

Iluminando a otros caminé, sin darme cuenta.
Ahora en actitud plena
lo hago con mayor devoción,
sin ser santa ni divina
puedo inspirar, sin una voz melodiosa
puedo hablar sin peculiaridad
y ser escuchada sin ser diosa.

XX

Corriendo

Correré sola
en un campo abierto
sin barreras y sin miedos.
Abrazaré el sol
mientras desciende
a dormir en el mar.
Seguiré mi camino
sin mirar atrás.

XXI

Fin del viaje

Siento que este viaje
va llegando a su fin.
Las jacarandas abren
de color lila las alfombras perfumadas.

La avenida con sus bares me abraza.
Contemplo inocente el horizonte.
Vibro de inquietud
ante el nuevo episodio.

Visito con mis versos las reales amigas,
las de hoy, las de ayer, las de siempre.
De nuevo en el mismo café,
celebrando la vida,
agradeciendo los tiempos,
el aura y las intenciones
que nos trajeron aquí.

Lo que haya sido, sin arrepentimientos.
¡Qué placer haber coincidido!

Nació en República Dominicana en 1988. A sus doce años inició con su activa participación y liderazgo en clubes de lectura y declamación de poesía, donde se arraigó su amor por la literatura y la escritura. En su tiempo escolar básico empezó su participación en concursos escolares de literatura en los géneros de cuento corto y poesía; en este último destacó con mención honorífica con su primer poema, dedicado a su pueblo natal: *Loa a San José de Ocoa.*

Ana concretó sus estudios profesionales en Honduras en Ingeniería Agroindustrial. Impulsada por su pasión por la agricultura. En su ejercicio profesional visitó una gran parte de los países de Latinoamérica y tuvo residencia en Ecuador, Guatemala, Honduras, México y Perú, fascinándose por las diferencias culturales y desarrollando alta flexibilidad y adaptación al cambio constante.

Cursó estudios de literatura creativa en la Escuela de Escritores de México y es en el tiempo pospandémico, que Ana desempolva sus escritos para concretar su primer poemario

Muchos amores y uno solo para inspirar a los lectores de la región con su trabajo dedicado al amor y a la transformación que se vive buscando el balance de las principales esferas de la vida: personal, familiar, profesional y laboral.

En el libro de poesía *Muchos amores y uno solo* da forma con sus poemas a las diferentes versiones del amor, representando que el amar a veces duele, a menudo está lleno de alegría y de gozo, pero siempre es un viaje de transformación para los que entregan el corazón y se exponen genuinamente ante este sentimiento.

Hoy día, Ana combina su trabajo poético con el ejercicio de *marketing* agropecuario, es miembro activo de la comunidad de Escritores Mexicanos Independientes (EMXI) y comparte sus poemas individuales a través de las redes sociales (@sydelim_poe), generando espacios de lectura y escritura motivacional.

índice

Amores idealizados y nostálgicos

Tus besos 12
Miénteme, sedúceme, ruégame 13
Por ti y antes de ti 14
Flechado 15
Exclusividad 16
Sueños de amor 17
Amor eterno 18
Jamás me iré de ti 19
Paraíso secreto 20
Nota de adiós 21
Te vas 22
Mensajes 23
Recuerdos de sofá 24
Te sigo y te sigo 25
Si me dieras la oportunidad 26
Te busco 27
Sonámbula 28
Ojalá 29
Conciliación 30
Vacío abrazo 31
Giro, giro, giro 32
Hechizo 33
Viaje en el viento 34
Aromas 35
Palabras secas 36
En reserva, en espera 37
Mensaje río abajo 38
Ausencia 39
Inicio, ilusión 40
Se acabó 41
Abismo 42

Mi jardín no ha florecido 43
Sin alas 44
La foto en la pared 45
Melancolía 46
Acróbatas 47
Hojas en blanco 48
Ese abril 49

Amores fugaces

Fugaz momento 52
Placer, odio y necesidad 53
Sepultando el deseo 54
Él, ella y yo 55
Desconectados 56
¡Puedes poseerme! 57
Melodía de amor 58
Amor estacional: primavera 59
Amor estacional: otoño 60
Amor estacional: invierno 61
Amor girasol 62
Silencio en la madrugada 63
Regresa 64
Tu mirada 65
Jardín de jazmín 66
Amor de cacao 67
Amor temporal 68
Te esperé y te esperé y te esperé 69
Amor de papel 70
Deseos alquilados 71
Simple capricho 72

Mi propio amor

Fluyendo 74
Mi reinicio 75

Un nuevo yo 76
Mi soledad y yo 77
Sin miedo 78
Renuncio a ti 79
Más valiente 80
¿Derrotada o rescatada? 81
Esperanza 82
Ascenso 83
Se vale 84
Gratitud 85
Libélula aventurera 86
Truenos de cambio 87
Plegaria 88
Lloverá 89
Sinceridad 90
Ojos abiertos 91
Inspirar 92
Corriendo 93
Fin del viaje 94

Ana Gerónimo 95

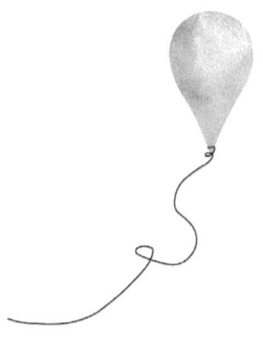

www.ingramcontent.com/pod-product-compliance
Lightning Source LLC
LaVergne TN
LVHW040107080526
838202LV00045B/3813